This book belongs to

Date ....

○ Sun ○ Mon ○ Tue ○ Wed ○ Thu ○ Fri ○ Sat

Date ....

○ Sun ○ Mon ○ Tue ○ Wed ○ Thu ○ Fri ○ Sat

Date ....

○ *Sun* ○ *Mon* ○ *Tue* ○ *Wed* ○ *Thu* ○ *Fri* ○ *Sat*

Date ....

☐ Sun ☐ Mon ☐ Tue ☐ Wed ☐ Thu ☐ Fri ☐ Sat

Date ....

○ Sun ○ Mon ○ Tue ○ Wed ○ Thu ○ Fri ○ Sat

Date ....

○ Sun ○ Mon ○ Tue ○ Wed ○ Thu ○ Fri ○ Sat

Date ....

○ *Sun* ○ *Mon* ○ *Tue* ○ *Wed* ○ *Thu* ○ *Fri* ○ *Sat*

Date ....

○ Sun ○ Mon ○ Tue ○ Wed ○ Thu ○ Fri ○ Sat

Date ....

○ Sun ○ Mon ○ Tue ○ Wed ○ Thu ○ Fri ○ Sat

Date ....

○ Sun ○ Mon ○ Tue ○ Wed ○ Thu ○ Fri ○ Sat

Date ....

○ Sun ○ Mon ○ Tue ○ Wed ○ Thu ○ Fri ○ Sat

Date ....

○ Sun ○ Mon ○ Tue ○ Wed ○ Thu ○ Fri ○ Sat

Date ....

○ Sun ○ Mon ○ Tue ○ Wed ○ Thu ○ Fri ○ Sat

Date ....

○ Sun ○ Mon ○ Tue ○ Wed ○ Thu ○ Fri ○ Sat

Date ....

○ Sun ○ Mon ○ Tue ○ Wed ○ Thu ○ Fri ○ Sat

Date ....

○ Sun ○ Mon ○ Tue ○ Wed ○ Thu ○ Fri ○ Sat

Date ....

○Sun ○Mon ○Tue ○Wed ○Thu ○Fri ○Sat

Date ....

○ Sun ○ Mon ○ Tue ○ Wed ○ Thu ○ Fri ○ Sat

Date ....

○ Sun ○ Mon ○ Tue ○ Wed ○ Thu ○ Fri ○ Sat

Date ....
○ Sun ○ Mon ○ Tue ○ Wed ○ Thu ○ Fri ○ Sat

Date ....
☐ Sun ☐ Mon ☐ Tue ☐ Wed ☐ Thu ☐ Fri ☐ Sat

Date ....

○ Sun ○ Mon ○ Tue ○ Wed ○ Thu ○ Fri ○ Sat

Date ....

○ Sun ○ Mon ○ Tue ○ Wed ○ Thu ○ Fri ○ Sat

Date ....
○Sun ○Mon ○Tue ○Wed ○Thu ○Fri ○Sat

Date ....

○ *Sun*   ○ *Mon*   ○ *Tue*   ○ *Wed*   ○ *Thu*   ○ *Fri*   ○ *Sat*

Date ....

○ Sun ○ Mon ○ Tue ○ Wed ○ Thu ○ Fri ○ Sat

Date ....

☐ Sun ☐ Mon ☐ Tue ☐ Wed ☐ Thu ☐ Fri ☐ Sat

Date ....

☐ *Sun* ☐ *Mon* ☐ *Tue* ☐ *Wed* ☐ *Thu* ☐ *Fri* ☐ *Sat*

Date ....

○ Sun ○ Mon ○ Tue ○ Wed ○ Thu ○ Fri ○ Sat

Date ....

○ Sun ○ Mon ○ Tue ○ Wed ○ Thu ○ Fri ○ Sat

Date ....

☐ Sun ☐ Mon ☐ Tue ☐ Wed ☐ Thu ☐ Fri ☐ Sat

Date ....

○ Sun ○ Mon ○ Tue ○ Wed ○ Thu ○ Fri ○ Sat

Date ....

○ Sun ○ Mon ○ Tue ○ Wed ○ Thu ○ Fri ○ Sat

Date ....

○ Sun ○ Mon ○ Tue ○ Wed ○ Thu ○ Fri ○ Sat

Date ....

○ Sun ○ Mon ○ Tue ○ Wed ○ Thu ○ Fri ○ Sat

Date ....

○Sun ○Mon ○Tue ○Wed ○Thu ○Fri ○Sat

Date ....

○ *Sun* ○ *Mon* ○ *Tue* ○ *Wed* ○ *Thu* ○ *Fri* ○ *Sat*

Date ....

○ Sun ○ Mon ○ Tue ○ Wed ○ Thu ○ Fri ○ Sat

Date ....

○ Sun ○ Mon ○ Tue ○ Wed ○ Thu ○ Fri ○ Sat

Date ....
○ Sun ○ Mon ○ Tue ○ Wed ○ Thu ○ Fri ○ Sat

Date ....

○ Sun ○ Mon ○ Tue ○ Wed ○ Thu ○ Fri ○ Sat

Date ....

○ Sun ○ Mon ○ Tue ○ Wed ○ Thu ○ Fri ○ Sat

Date ....

○Sun ○Mon ○Tue ○Wed ○Thu ○Fri ○Sat

Date ....

○ Sun ○ Mon ○ Tue ○ Wed ○ Thu ○ Fri ○ Sat

Date ....

○ Sun ○ Mon ○ Tue ○ Wed ○ Thu ○ Fri ○ Sat

Date ....

○Sun ○Mon ○Tue ○Wed ○Thu ○Fri ○Sat

Date ....

○ Sun ○ Mon ○ Tue ○ Wed ○ Thu ○ Fri ○ Sat

Date ....

☐ Sun ☐ Mon ☐ Tue ☐ Wed ☐ Thu ☐ Fri ☐ Sat

Date ....

○ Sun ○ Mon ○ Tue ○ Wed ○ Thu ○ Fri ○ Sat

Date ....

○ Sun ○ Mon ○ Tue ○ Wed ○ Thu ○ Fri ○ Sat

Date ....

☐ *Sun* ☐ *Mon* ☐ *Tue* ☐ *Wed* ☐ *Thu* ☐ *Fri* ☐ *Sat*

Date ....

○ Sun ○ Mon ○ Tue ○ Wed ○ Thu ○ Fri ○ Sat

Date ....

○ Sun ○ Mon ○ Tue ○ Wed ○ Thu ○ Fri ○ Sat

Date ....

○ Sun   ○ Mon   ○ Tue   ○ Wed   ○ Thu   ○ Fri   ○ Sat

Date ....

☐ *Sun* ☐ *Mon* ☐ *Tue* ☐ *Wed* ☐ *Thu* ☐ *Fri* ☐ *Sat*

Date ....

○ Sun ○ Mon ○ Tue ○ Wed ○ Thu ○ Fri ○ Sat

Date ....

○ Sun ○ Mon ○ Tue ○ Wed ○ Thu ○ Fri ○ Sat

Date ....

☐ *Sun* ☐ *Mon* ☐ *Tue* ☐ *Wed* ☐ *Thu* ☐ *Fri* ☐ *Sat*

Date ....

○ Sun ○ Mon ○ Tue ○ Wed ○ Thu ○ Fri ○ Sat

Date ....

○ Sun ○ Mon ○ Tue ○ Wed ○ Thu ○ Fri ○ Sat

Date ....

○ Sun ○ Mon ○ Tue ○ Wed ○ Thu ○ Fri ○ Sat

Date ....

○ Sun ○ Mon ○ Tue ○ Wed ○ Thu ○ Fri ○ Sat

Date ....

○ Sun ○ Mon ○ Tue ○ Wed ○ Thu ○ Fri ○ Sat

Date ....

☐ Sun ☐ Mon ☐ Tue ☐ Wed ☐ Thu ☐ Fri ☐ Sat

Date ....

☐ Sun ☐ Mon ☐ Tue ☐ Wed ☐ Thu ☐ Fri ☐ Sat

Date ....

☐ Sun ☐ Mon ☐ Tue ☐ Wed ☐ Thu ☐ Fri ☐ Sat

Date ....

○ Sun ○ Mon ○ Tue ○ Wed ○ Thu ○ Fri ○ Sat

Date ....

○ Sun ○ Mon ○ Tue ○ Wed ○ Thu ○ Fri ○ Sat

Date ....

○ Sun ○ Mon ○ Tue ○ Wed ○ Thu ○ Fri ○ Sat

Date ....

☐ *Sun* ☐ *Mon* ☐ *Tue* ☐ *Wed* ☐ *Thu* ☐ *Fri* ☐ *Sat*

Date ....

○ Sun ○ Mon ○ Tue ○ Wed ○ Thu ○ Fri ○ Sat

Date ....

○Sun ○Mon ○Tue ○Wed ○Thu ○Fri ○Sat

Date ....

☐ Sun ☐ Mon ☐ Tue ☐ Wed ☐ Thu ☐ Fri ☐ Sat

Date ....

○ Sun ○ Mon ○ Tue ○ Wed ○ Thu ○ Fri ○ Sat

Date ....

○ Sun ○ Mon ○ Tue ○ Wed ○ Thu ○ Fri ○ Sat

Date ....

☐ Sun ☐ Mon ☐ Tue ☐ Wed ☐ Thu ☐ Fri ☐ Sat

Date ....

○ Sun ○ Mon ○ Tue ○ Wed ○ Thu ○ Fri ○ Sat

Date ....

☐ Sun ☐ Mon ☐ Tue ☐ Wed ☐ Thu ☐ Fri ☐ Sat

Date ....

○ Sun ○ Mon ○ Tue ○ Wed ○ Thu ○ Fri ○ Sat

Date ....

○ Sun ○ Mon ○ Tue ○ Wed ○ Thu ○ Fri ○ Sat

Date ....

○ Sun ○ Mon ○ Tue ○ Wed ○ Thu ○ Fri ○ Sat

Date ....

☐ Sun ☐ Mon ☐ Tue ☐ Wed ☐ Thu ☐ Fri ☐ Sat

Date ....

○ Sun ○ Mon ○ Tue ○ Wed ○ Thu ○ Fri ○ Sat

Date ....
☐ *Sun* ☐ *Mon* ☐ *Tue* ☐ *Wed* ☐ *Thu* ☐ *Fri* ☐ *Sat*

Date ....

○Sun ○Mon ○Tue ○Wed ○Thu ○Fri ○Sat

Date ....

○Sun ○Mon ○Tue ○Wed ○Thu ○Fri ○Sat

Date ....

○ Sun ○ Mon ○ Tue ○ Wed ○ Thu ○ Fri ○ Sat

Date ....

○ Sun ○ Mon ○ Tue ○ Wed ○ Thu ○ Fri ○ Sat

Date ....

○ Sun ○ Mon ○ Tue ○ Wed ○ Thu ○ Fri ○ Sat

Date ....

○Sun ○Mon ○Tue ○Wed ○Thu ○Fri ○Sat

Date ....

○ Sun ○ Mon ○ Tue ○ Wed ○ Thu ○ Fri ○ Sat

Date ....

○ Sun ○ Mon ○ Tue ○ Wed ○ Thu ○ Fri ○ Sat

Date ....

☐ Sun ☐ Mon ☐ Tue ☐ Wed ☐ Thu ☐ Fri ☐ Sat

Made in the USA
Monee, IL
11 August 2021

75472099R00068